Rueff

Luftfahrt

Skript zur Unterrichtseinheit
(Technik)

Luftfahrt

Skript zur Unterrichtseinheit

(Technik)

von Dr. Andreas Rueff

1. Auflage

Books on Demand

Dr.-Ing. Dipl.-Phys. Andreas K. E. Rueff

Physik-Studium in Kaiserslautern, anschließend wissenschaftlicher Mitarbeiter am Leibniz-Institut für neue Materialien in Saarbrücken, Promotion in Saarbrücken, anschließend Zusatzqualifikation zum Lehramt für Mathematik und Physik.

Bibliographische Information der Deutschen Nationalbibliothek

Die Deutsche Nationalbibliothek verzeichnet diese Publikation in der Deutschen Nationalbibliographie; detaillierte bibliographische Daten sind im Internet über http://dnb.d-nb.de abrufbar.

© 2015 Dr. Andreas Rueff, Kaiserslautern

Herstellung und Verlag: BoD - Books on Demand, Norderstedt
ISBN 978-3-738-624199

1. Auflage, 2015
Internetseite zum Heft: http://mathematik-sek1.jimdo.com

Bildquellen: WIKIMEDIA COMMONS und PIXABAY ©

Das Werk einschließlich aller seiner Teile ist urheberrechtlich geschützt.

Jede Verwertung außerhalb der Grenzen des Urheberrechtsgesetzes ist ohne Zustimmung des Verlages und des Verfassers unzulässig und strafbar. Das gilt insbesondere für Vervielfältigungen, Übersetzungen, Mikroverfilmungen oder die Einspeicherungen und Verarbeitung in elektronischen Systemen.

Vorwort

Die Ausbildung zu fördern und die erworbenen Kenntnisse für den Gebrauch in der Schule und im Alltag griffbereit zu erhalten ist das Ziel dieses Skripts. Die Zusammenstellung orientiert sich an den Inhalten der Unterrichtseinheit **Luftfahrt** im Rahmen des Unterrichtsfachs Technik. Es ist aus zahlreichen Unterrichtsvorbereitungen der vergangenen Jahre hervorgegangen und soll die wichtigsten Inhalte zusammenfassen.

Die vorliegende Zusammenstellung soll nur den notwendigsten Stoff in einer strukturierten Form erfassen und dadurch das Arbeiten erleichtern. Den Gesamtzusammenhang nicht aus den Augen zu verlieren ist die Absicht.

Jedes Lehrbuch lebt von der kritischen Mitarbeit der Leser. Insbesondere in der naturwissenschaftlichen Literatur lässt es sich auch bei sorgfältigster Bearbeitung kaum vermeiden, dass sich Druckfehler einschleichen. Der Verfasser freut sich deshalb über Verbesserungsvorschläge oder Hinweise auf mögliche Fehler.

Als nützliche Gedächtnisstütze zur Unterrichtseinheit zu dienen ist das Ziel.

Kaiserslautern, im Sommer 2015　　　　　　　　A. Rueff

Inhalt

Warum fliegen „Gegenstände"? (1) 3
    → Es muss eine Kraft wirken! 3

Warum fliegen „Gegenstände"? (2) 4
    → Der Auftrieb im Wasser 4

Warum fliegen „Gegenstände"? (3) 5
    → Die Dichte eines Körpers 5

Beispiele zur Berechnung 7

Aufgaben (1) 10

Aufgaben (2) 11

Der Flaschentaucher 13

Der Auftrieb als Grundlage für die Luftfahrt 15
    1) Ein Vakuum ist leichter als Luft! 15
    2) Heiße Luft ist leichter als kalte Luft 16
    3) Wasserstoffgas ist leichter als Luft 16

Aufgaben (3) 17

Die Vögel als Vorbild 18

Motorisierte Luftfahrt (1) 19
    Der Wright Flyer 19

Motorisierte Luftfahrt (2) 20

Motorisierte Luftfahrt (3) 21
    Der Propeller 21

Der Hubschrauber 22

Die Rakete 23

Anhang 25

Aufgaben (1) - Lösungen 26

Aufgaben (2) 28

Aufgaben (3) 30

Was bedeutet „Fliegen"?

http://mathematik-sek1.jimdo.com

Dr. Andreas Rueff

Was bedeutet „Fliegen"?

Diese Frage ist nicht ganz leicht zu beantworten!
Wir betrachten unsere Umwelt dafür zunächst etwas genauer!

Verschiedene Flugobjekte fliegen offensichtlich aus ganz unterschiedlichen Gründen.
Wir können eine einfache Einteilung vornehmen:

Lebende Flugobjekte
Vögel, Fledermaus, Fliege
Insekten, (Pflanzen)

Unbelebte Flugobjekte
Flugzeug, Hubschrauber,
Luftballon, Fallschirm,
Rakete, Pfeil, Bumerang
Zeppelin

Auch die Art des Fluges lässt sich unterteilen:

Aktiver Flug
Flugzeug, Hubschrauber
Vogel, Insekten

Passiver Flug
Fallschirm, Heißluftballon
Vogel, Pfeil, Pusteblume

Objekte fliegen aus unterschiedlichen Gründen! Der Traum vom Fliegen ist schon so alt wie die Menschheit. Daher versucht man die Mechanismen zu verstehen und dabei von der Natur „abzuschauen".
Schon Leonardo da Vinci (1452 – 1519) überlegte sich „Flugobjekte" und kopierte dabei die Natur.

Leonardo da Vinci

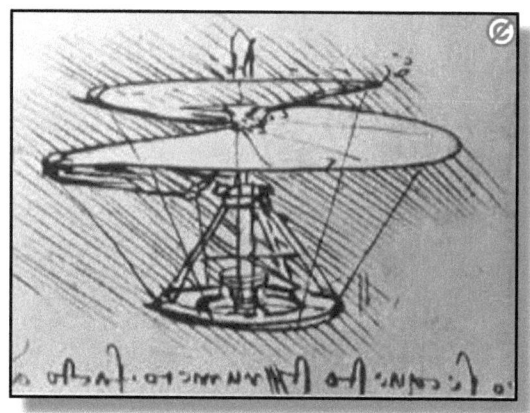

Warum fliegen „Gegenstände"? (1)

(Flugzeug, Luftballon, Vogel, usw.)?

→ **Es muss eine Kraft wirken!**

Die Gewichtskraft zieht einen Körper nach unten. Also muss eine entgegengesetzt gerichtete Kraft wirken!

Wir betrachten zunächst ein einfaches Flugobjekt:

Der Luftballon

Manche Luftballons fliegen nach oben. Wenn du allerdings selbst einen Luftballon aufbläst funktioniert das nicht.

Damit der Ballon fliegen kann ist eine Kraft notwendig die der Gewichtskraft F_g entgegenwirkt.

Welche Kraft ist das?

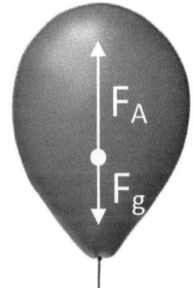

Der Grund dafür, dass ein Ballon von selbst fliegen kann ist der: Der Ballon muss mit einem Gas gefüllt sein. Das Gas heißt Helium oder Wasserstoff.

Dadurch ist der Ballon leichter als die umgebende Luft. Es entsteht eine nach oben gerichtete Kraft.

Diese Kraft heißt Auftriebskraft F_A.

Man kann diese Kraft auch im Wasser beobachten!

Warum fliegen „Gegenstände"? (2)

→ **Der Auftrieb im Wasser**

Wir messen die Gewichtskraft eines Körpers unter Wasser. Dabei stellen wir fest, dass der Gegenstand dann leichter ist.

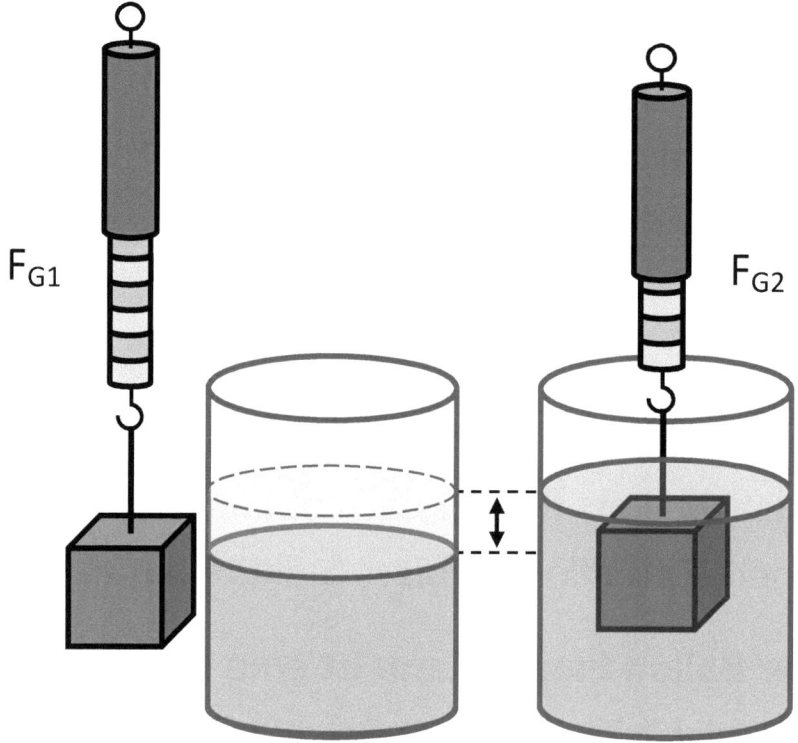

Beim Eintauchen ins Wasser verdrängt der Würfel Wasser. Das verdrängte Wasser hat das gleiche Volumen wie der Würfel und muss nach oben gedrückt werden. Das erfordert eine Kraft F_{Gw}!

Diese Kraft F_{Gw} ist der Gewichtskraft des Würfels entgegengerichtet.

Dadurch ist die Gewichtskraft des Würfels F_{G1} um die Auftriebskraft des verdrängten Wassers F_{Gw} verringert und wir messen einen kleineren Wert F_{G2}.

→ **Die Auftriebskraft auf einen Gegenstand in Wasser ist genauso groß wie die Gewichtskraft des verdrängten Wassers.**

Warum fliegen „Gegenstände"? (3)

→ Die Dichte eines Körpers

Bei manchen Körpern ist die Auftriebskraft sogar größer als die Gewichtskraft. Dann kann der Körper auf der Flüssigkeit schwimmen.

Beispiel:

Ein Holzklotz (Würfel) schwimmt, weil er leichter als Wasser ist.

Ein Eisenwürfel geht unter!

Hier ist zu beachten, dass man dann <u>den gleichen Rauminhalt</u> (Volumen) vergleicht!

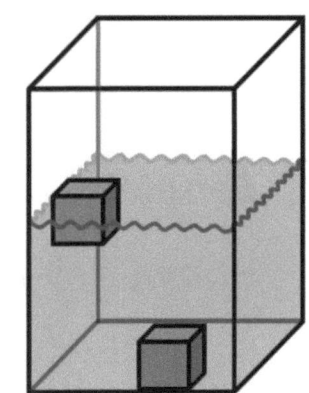

Wir betrachten zunächst einen Holzwürfel, einen Eisenwürfel und einen „Wasserwürfel" mit gleichem Volumen:

❶

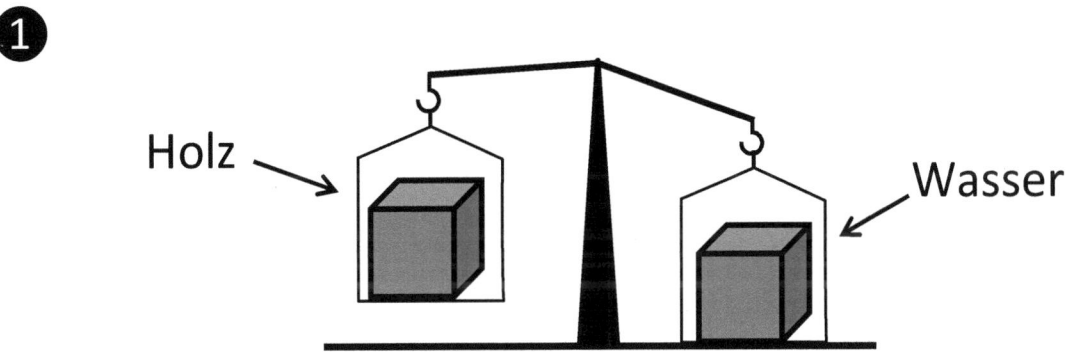

Holz ist leichter als Wasser → **Der Holzwürfel schwimmt!**

❷

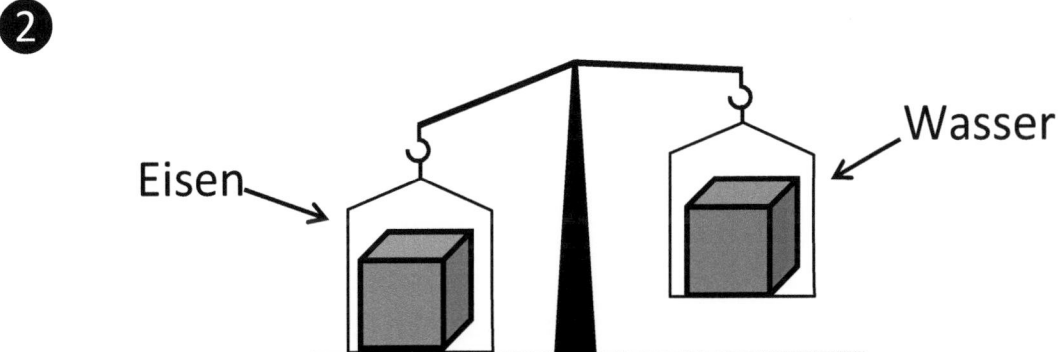

Eisen ist schwerer als Wasser → **Der Eisenwürfel geht unter!**

Die Dichte eines Körpers ist ein Maß dafür, ob ein Körper in einer Flüssigkeit schwimmen kann.

Die Dichte berechnet durch den Quotient aus Masse und Volumen eines Körpers.

ρ : "Rho"

Dichte: $\rho = \dfrac{m}{V}$

0,8 Gramm pro 1 Kubikzentimeter

Beispiel:

Holzwürfel → **Volumen: 1cm³, Masse: ca. 0,8 g**

Dichte des Holzwürfels: $\boxed{\rho = \dfrac{0{,}8g}{1cm^3} = 0{,}8\,\dfrac{g}{cm^3}}$

Dichte eines Eisenwürfels: $\boxed{\rho = \dfrac{7{,}9g}{1cm^3} = 7{,}9\,\dfrac{g}{cm^3}}$

Dichte des „Wasserwürfels": $\boxed{\rho = \dfrac{1g}{1cm^3} = 1\,\dfrac{g}{cm^3}}$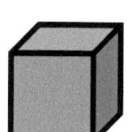

Wir vergleichen Holz und Eisen mit Wasser:

Holz: $\quad 0{,}8\,\tfrac{g}{cm^3} < 1\,\tfrac{g}{cm^3} \quad\quad$ → **Holz schwimmt**

Eisen: $\quad 7{,}9\,\tfrac{g}{cm^3} > 1\,\tfrac{g}{cm^3} \quad\quad$ → **Eisen sinkt nach unten**

Ein Körper schwimmt genau dann in Wasser, wenn seine Dichte kleiner als die Dichte von Wasser ist. Er sinkt, wenn sie größer ist.

Beispiele zur Berechnung:

Berechnung der Dichte verschiedener Körper:

Es gilt → Dichte: $\boxed{\rho = \dfrac{m}{V}}$

1) Berechne die Dichte von Kork: Ein Korken einer Weinflasche hat ein Volumen von V = 15cm³ und eine Masse von ca. 7,5g.

   Geg.: V = 15cm³ ; m = 7,5g
   Ges.: ρ
   Lös.:

   $\rho = \dfrac{m}{V} = \dfrac{7{,}5g}{15cm^3}$ →

   ```
   7,5 : 1 5 = 0,5
   - 0 ↓
     7 5
   - 7 5
     0
   ```

   $7{,}5 : 15 = 0{,}5 \dfrac{g}{cm^3}$

2) Ein Holzklotz von 1dm³ hat eine Masse von 0,82 kg.

   Geg.: V = 1dm³ ; m = 0,82kg
   Ges.: ρ
   Lös.:
   Umrechnung der Einheiten:
   1dm³ = 1000cm³
   1kg = 1000g → 0,82kg = 820g

   $\rho = \dfrac{m}{V} = \dfrac{820g}{1000cm^3} = 0{,}82 \dfrac{g}{cm^3}$

Stoff	Dichte ρ in $\frac{g}{cm^3}$
Kork	ca. 0,5
Eisen	7,9
Gold	19,3
Zink	7,1
Kalium	0,68
Kunststoff	0,9
Silber	10,5
Glas	ca. 2,4
Wasser	1,0
Benzin	0,7
Quecksilber	13,6

3) Ein Metallwürfel mit der Kantenlänge von 2 cm hat eine Masse von 84g (63,2g).

Um welches Material handelt es sich?

Geg.: l = 2cm ; m = 84 g
Ges.: ρ
Lös.:

1) Volumenberechnung:

Würfel mit Kantenlänge l = 2cm

$V = 2^3 \text{ cm}^3 = 8 \text{ cm}^3$

2) Dichteberechnung:

$$\rho = \frac{m}{V} = \frac{84g}{8cm^3} \rightarrow$$

$84 : 8 = 10,5 \frac{g}{cm^3}$ (*Silber*)

→ Der Vergleich mit der Tabelle zeigt, dass es sich bei dem Stoff um Silber handelt.

```
8 4, 0 : 8 = 1 0, 5
8 ↓ ↓
0 4 ↓
  0 ↓
  4 0
  4 0
    0
```

$\left[63,2 : 8 = 7,9 \frac{g}{cm^3} \quad (\textit{Eisen}) \right]$

4) Ein Künstler hat eine Figur gestaltet. Die Figur hat ein Volumen von V = 1,5 dm³ und eine Masse von 15,75 kg. Aus welchem Material besteht die Figur?

Geg.: $V = 1{,}5\,dm^3$; $m = 15{,}75\,kg$
Ges.: ρ
Lös.:
Umrechnung der Einheiten:
$1\,dm^3 = 1000\,cm^3 \rightarrow 1{,}5\,dm^3 = 1500\,cm^3$
$1\,kg = 1000\,g \rightarrow 15{,}75\,kg = 15750\,g$

$$\rho = \frac{m}{V} = \frac{15750\,g}{1500\,cm^3} = 10{,}5\,\frac{g}{cm^3} \qquad \rightarrow Silber$$

5) In einer Packung Kaffeesahne sind 0,34 kg enthalten. Das Volumen der Packung beträgt 320cm³. Welche Dichte hat die Kaffeesahne?

Geg.: $V = 320\,cm^3$; $m = 0{,}34\,kg$
Ges.: ρ
Lös.:
Umrechnung der Einheiten:

$1\,kg = 1000\,g \rightarrow 0{,}34\,kg = 340\,g$

$$\rho = \frac{m}{V} = \frac{340\,g}{320\,cm^3} = 1{,}0625\,\frac{g}{cm^3}$$

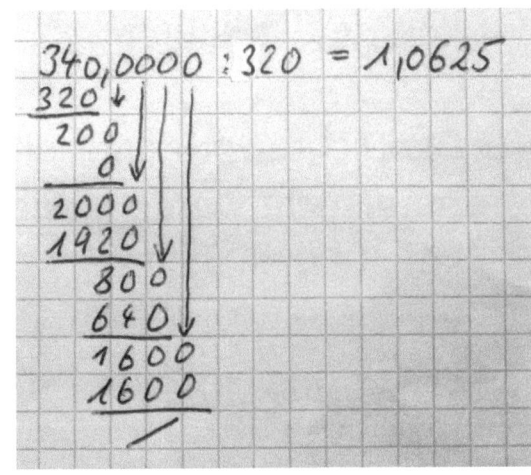

Aufgaben (1)

Berechnung der Dichte verschiedener Körper:

1) Der König eines Schachspiels hat ein Volumen von 15 cm³ und eine Masse von 13,5 g.
   Die Dame des gleichen Schachspiels hat ein Volumen von 13 cm³ und eine Masse von 11,7 g.
   a) Berechne die Dichte der beiden Figuren.
   b) Woraus bestehen die Figuren?
   c) Würden die Figuren im Wasser schwimmen oder sinken?

2) Ein Gegenstand wird gewogen. Seine Masse beträgt 193 g. Der Gegenstand hat ein Volumen von 10 cm³. Berechne seine Dichte. Welcher Stoff könnte das sein?

3) Welche Stoffe aus der Tabelle schwimmen an der Wasseroberfläche?

4) Granit hat eine Dichte von $2{,}7 \frac{g}{cm^3}$. Was bedeutet diese Angabe?

5) In der Dichtetabelle ist für Kork kein genauer Wert angegeben. Welchen Grund könnte das haben?

6) Die Dichte von Sand soll untersucht werden. Wie könnte man dabei vorgehen? Welche Erwartung hast du an das Ergebnis?

Stoff	Dichte ρ in $\frac{g}{cm^3}$
Kork	ca. 0,5
Eisen	7,9
Gold	19,3
Zink	7,1
Kalium	0,68
Kunststoff	0,9
Silber	10,5
Glas	ca. 2,4
Wasser	1,0
Benzin	0,7
Quecksilber	13,6

[Lösungen → Anhang]

Aufgaben (2)

Rückblick: Die Einheiten von Volumen und Masse

1) Gib die Masse in den angegebenen Einheiten an:
   a. 120 g → kg ; mg ; µg ; t
   b. 0,52 t → kg ; mg ; g
   c. 23573 mg → kg ; g ; µg

2) Gib das Volumen in den angegebenen Einheiten an:
   a. 530 cm³ → m³ ; dm³ ; mm³ ; Liter
   b. 0,853 dm³ → m³ ; cm³ ; mm³ ; Liter
   c. 123,8 l → m³ ; cm³ ; dm³ ; mm³

Berechnung der Dichte verschiedener Körper:

a. Ein Gegenstand A hat ein Volumen von 30 cm³ und eine Masse von 213 g. Berechne seine Dichte in der Einheit $\frac{g}{cm^3}$. Aus welchem Material besteht dieser Gegenstand A?

b. Ein zweiter Gegenstand B hat ein Volumen von 500 cm³ und eine Masse von 1,2 kg. Berechne seine Dichte in der Einheit $\frac{g}{cm^3}$. Aus welchem Material besteht dieser Gegenstand B ?

c. Die Masse zweier Würfel beträgt: m_a = 24,5 g ; m_b = 9,8 g
Die Volumina der Würfel betragen: V_a = 35 cm³ ; V_b = 14 cm³
Sind die beiden Würfel aus dem gleichen Material hergestellt?

d. Ein Marmorstein wurde gewogen: Seine Masse beträgt 65 kg. Der Stein hat ein Volumen von 0,25 m³. Berechne die Dichte des Marmors.

[Lösungen → Anhang]

e. Die Figur eines Schachspiels hat ein Volumen von 6500 mm³ und eine Masse 5850 mg.
   Geht die Figur im Wasser unter oder schwimmt sie?
   Geht die Figur in Benzin unter oder schwimmt sie?

f. Eine Bleiplatte hat eine Masse von 79,1 kg. Das Volumen der Platte beträgt 7 dm³. Welche Dichte hat das Blei?

g. Eine Nähnadel aus Stahl hat eine Masse von ca. 264 mg. Das Volumen der Nadel beträgt 33 mm³. Welche Dichte hat Stahl?

h. Ein Goldmünze hat eine Masse von 13 g. Das Volumen beträgt 673 mm³. Besteht die Münze wirklich aus Gold? Begründe.

i. Ein Würfel mit einer Kantenlänge von 3 cm hat eine Masse von ca. 0,213 kg. Aus welchem Material besteht er?

j. Ein Gegenstand hat die Masse 7,6 kg und ein Volumen von 2000 dm³. Berechne die Dichte in $\frac{g}{cm^3}$.

k. Ein Gegenstand hat die Masse 0,9 kg und ein Volumen von 3 dm³. Berechne die Dichte in $\frac{g}{cm^3}$.

l. Ein Gegenstand hat die Masse 15250 g und ein Volumen von 5 dm³. Berechne die Dichte in $\frac{g}{cm^3}$.

m. Ein Gegenstand hat die Masse 29,38 kg und ein Volumen von 3,84 dm³. Berechne die Dichte in $\frac{g}{cm^3}$.

[Lösungen → Anhang]

Stoff	Dichte ρ $\left[\frac{g}{cm^3}\right]$
Kork	ca. 0,5
Eisen	7,9
Gold	19,3
Zink	7,1
Kalium	0,68
Kunststoff	0,9
Silber	10,5
Glas	ca. 2,4
Wasser	1,0
Benzin	0,7
Quecksilber	13,6

Der Flaschentaucher

Der Flaschentaucher heißt auch „kartesischer Taucher" nach dem französischen Naturforscher René Descartes (1596-1650). Allerdings war er nicht der Erfinder. (Die Namensgebung ist also eigentlich unberechtigt)

Das Experiment zeigt einen Gegenstand mit veränderbarer Dichte in einer Flüssigkeit. Dadurch kann der Gegenstand schwimmen und sinken – je nach Belieben.

Benötigte Materialien:

Eine PET-Flasche (1-1,5 Liter)
Ein Aromafläschchen (Küche)
Ein Stück Blumendraht (ca. 15cm)
Ein Stift
Ein Wassergefäß

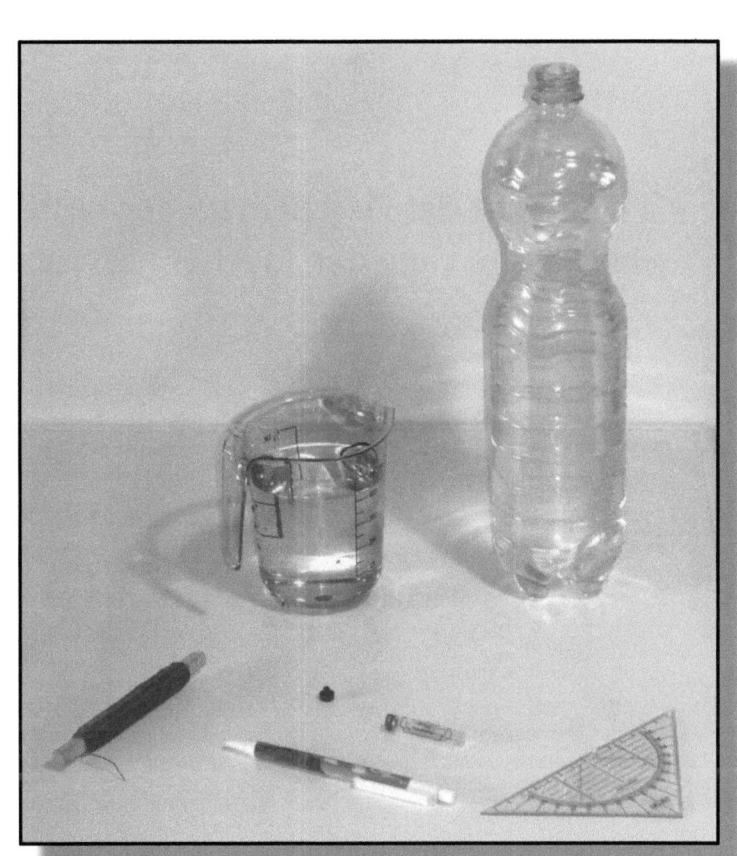

Durchführung:

① Der Blumendraht wird um zunächst um den Schaft eines Stifts gewickelt um eine gedrehte Form zu bewirken (passend zum Schaft des Aromafläschchens).

② Anschließend wird der Draht auf das Flächen gestülpt:

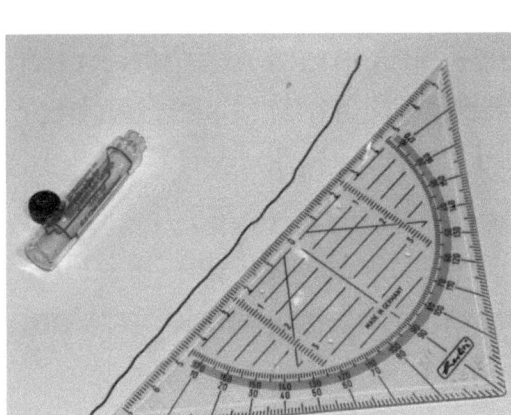 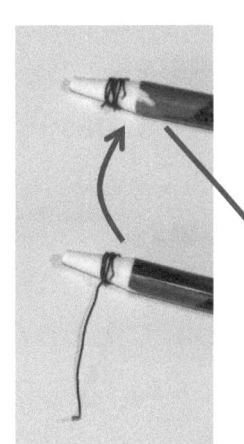 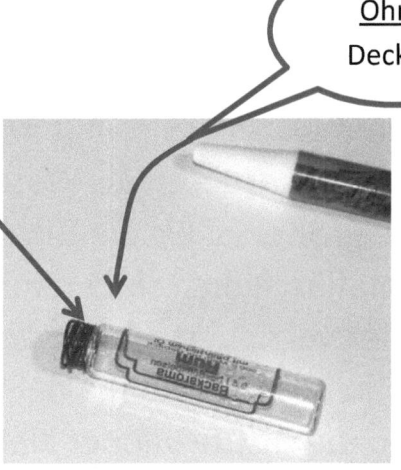

Ohne Deckel!

③ Jetzt wird die PET-Flasche bis zum Rand mit Wasser gefüllt und das Aromafläschchen (mit Öffnung nach unten) in die volle Flasche getan. (Dabei gelangt kein Wasser in die Aromaflasche.) Anschießend schließen wir die PET-Flasche:

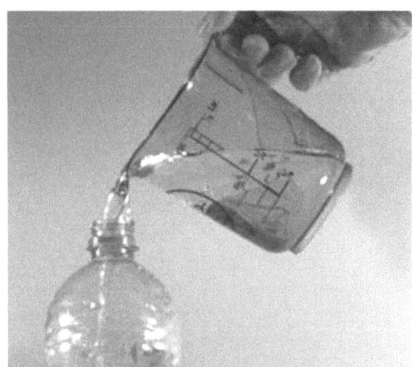  

④ Jetzt ist der Flaschentaucher fertig. Durch mehr oder weniger Druck auf die Flasche kann der Taucher nach oben und unten bewegt werden.

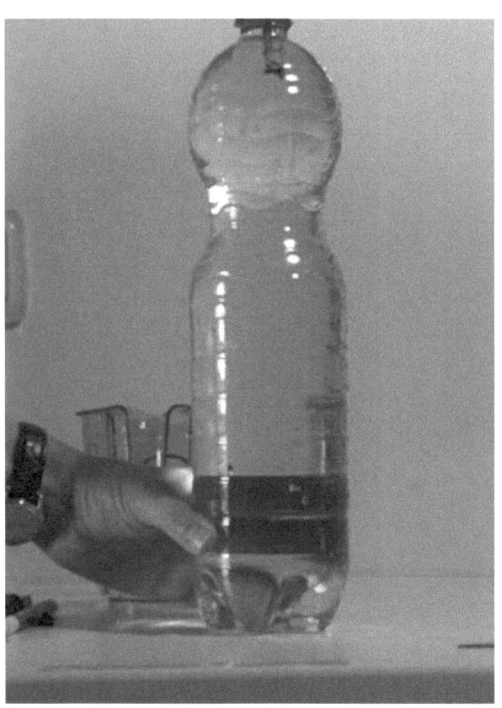 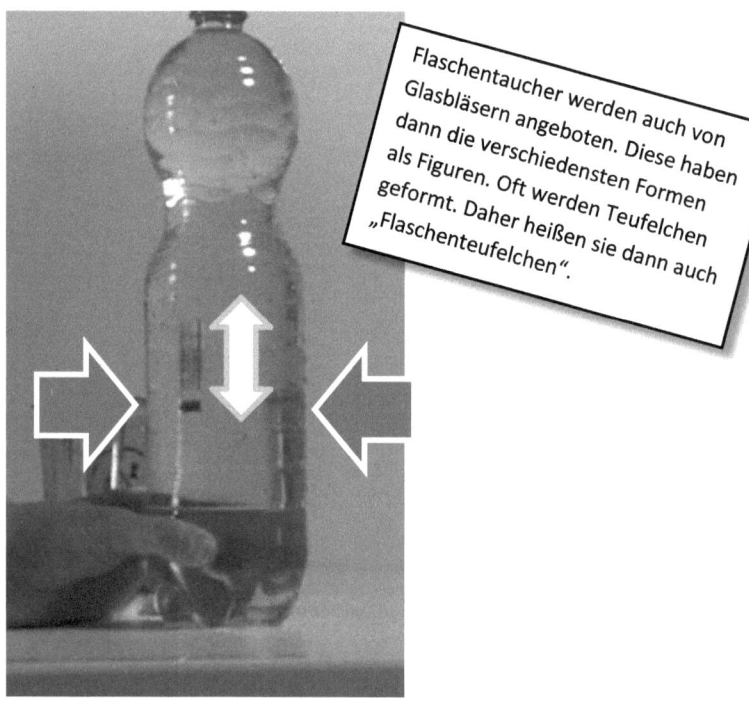

Flaschentaucher werden auch von Glasbläsern angeboten. Diese haben dann die verschiedensten Formen als Figuren. Oft werden Teufelchen geformt. Daher heißen sie dann auch „Flaschenteufelchen".

Erklärung: Der Druck auf die PET-Flasche presst die Luft im Aromafläschchen zusammen und es dringt Wasser in das Fläschchen (Luft lässt sich leichter zusammendrücken als Wasser). Dadurch vergrößert sich dessen Dichte bis diese größer ist als die Dichte des umgebenden Wassers → das Aromafläschchen sinkt dann nach unten. Wird der Druck auf die PET-Flasche wieder verringert, dehnt sich die Luft im Aromafläschchen wieder aus und die Dichte wird wieder kleiner. Das Fläschchen steigt wieder nach oben, wenn die Dichte wieder kleiner als die des Wassers ist.

Der Auftrieb als Grundlage für die Luftfahrt

1654 zeigte Otto von Guericke, dass Luft von außen auf alle Körper eine Kraft wirken lässt: Den äußeren Luftdruck.

Otto von Guericke zeigte 1654 einen Versuch.
Hierbei wurden zwei Halbkugeln aus Kupfer aufeinandergelegt und im Innenraum die Luft herausgepumpt (er erzeugte also ein Vakuum). 30 Pferde
schafften es nicht die beiden Kugeln auseinanderzuziehen.

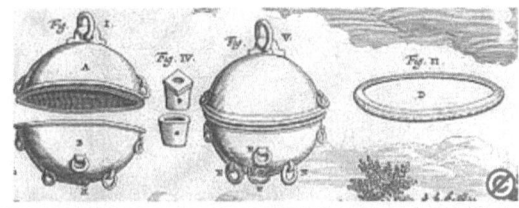

Die Gesetzmäßigkeit des Auftriebs im Wasser kann nun also auch auf die uns umgebende Luft übertragen werden:

> **Ein Körper fliegt, wenn seine Dichte kleiner als die Dichte der ihn umgebenden Luft ist.**

Die Idee war nun: Man benötigt etwas leichteres als Luft!

1) **Ein Vakuum ist leichter als Luft!**
1670 zeichnet Francesco Graf Lana einen Entwurf eines Luftschiffs das von luftleeren Blechkugeln getragen werden sollte. Umgesetzt wurde die Idee jedoch nie.

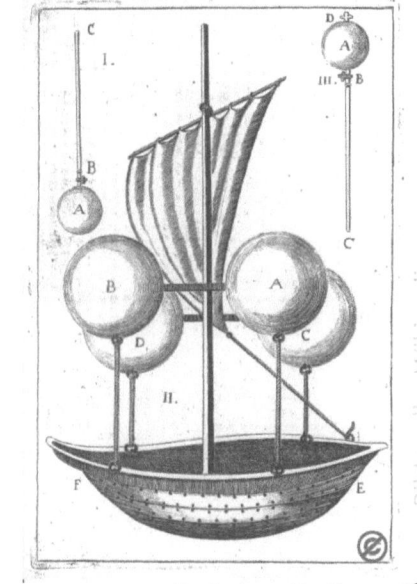

2) Heiße Luft ist leichter als kalte Luft

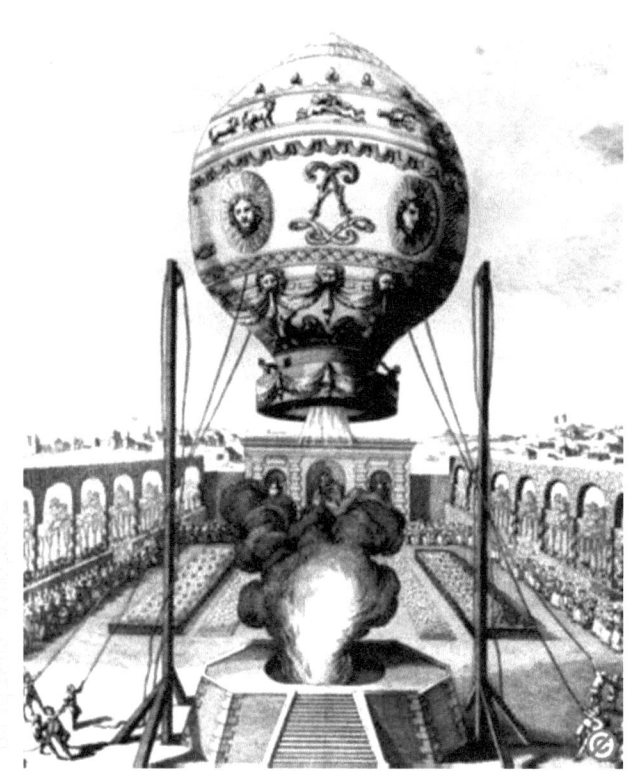

1783 hob der Ballon der Gebrüder Montgolfier für 8 Minuten mit einem Hammel, einer Ente und einem Hahn ab und trug sie in mehrere hundert Meter Höhe.

3) Wasserstoffgas ist leichter als Luft

Eine weitere Möglichkeit für einen Körper mit geringerer Dichte als Luft schlug Jacques C. Charles vor:
1783 bestaunen ca. 400 000 Menschen seinen Flug mit einer Ballonkugel.
Der Ballon war mit **Wasserstoffgas** gefüllt.

1785 überquert Blanchard den Ärmelkanal von England nach Frankreich.
1937 entzündete sich beim Zeppelin „Hindenburg" die Wasserstofffüllung. Diese Katastrophe beendete zunächst die Anwendung dieser Idee.
(Helium ist heute als leichtes Füllgas eine Alternative zum Wasserstoffgas)

Aufgaben (3)

1) Welche Idee steckt in dem Entwurf des Luftschiffs von Graf Lana (Abb. rechts)?

2) Welchen Versuch zeigte Otto von Guericke 1654?

3) Aus welchem Grund konnte ein solches Luftschiff nie gebaut werden?

4) Wann gelang den Gebrüdern Montgolfier der Bau eines flugfähigen Ballons?

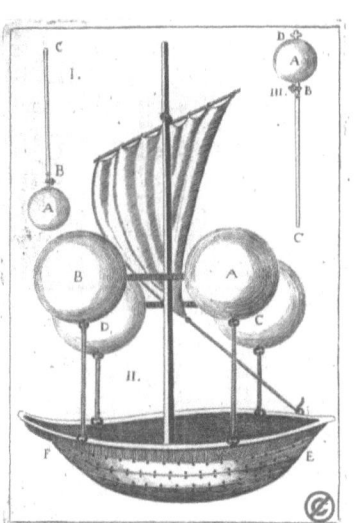

5) Durch welche Idee wurde von den Gebrüdern Montgolfier ein flugfähiges Luftschiff gebaut?

6) Wie konnte man die Montgolfiere steuern?

7) Welche Weiterentwicklung wurde bei der Charliere vorgenommen? (Unterschied zur Montgolfiere)

8) Henry Giffard rüstete 1852 ein Luftschiff mit einer Dampfmaschine aus. Dabei wird ein Wasserkessel mit Feuer erhitzt und treibt eine Luftschraube als Antrieb des Luftschiffs an. Er steuerte das Luftschiff 27 km durch die Lüfte.
Was hältst du von seiner Idee?

9) Aus welchem Grund wird die Technik der Charliere heute nicht mehr angewendet?

[Lösungen → Anhang]

Die Vögel als Vorbild

Schon **Leonardo da Vinci** wollte den alten Menschheitstraum „Fliegen können wie die Vögel" umsetzen und hatte Ideen.

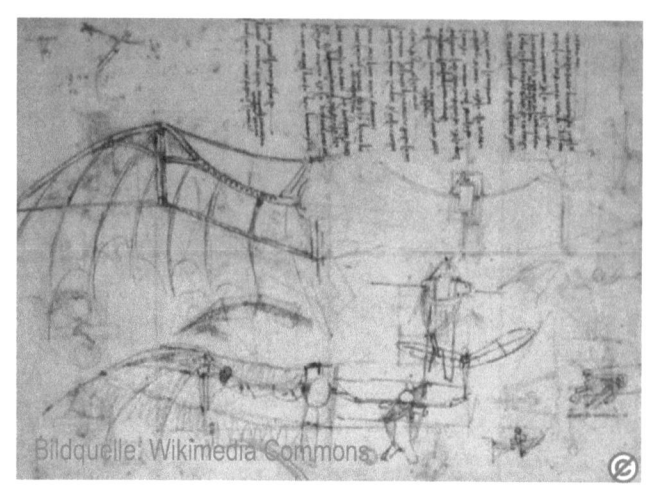

Otto Lilienthal träumte bereits als kleiner Junge davon, wie ein Vogel fliegen zu können.

→ Er erkannte den Unterschied des passiven und aktiven Flugs bei Vögeln und sah im **passiven Flug** eine Chance für den Mensch.

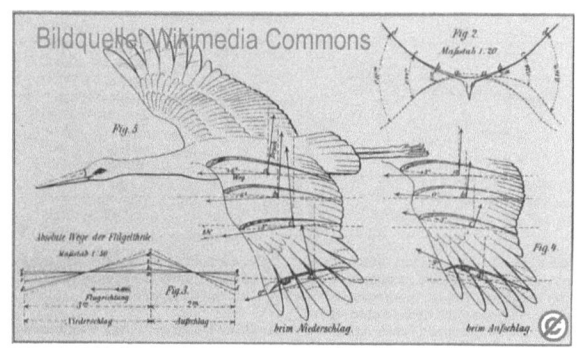

→ Er erkannte, dass die **Formgebung der Flügel** ein wichtige Rolle spielt.

→ Bis 1896 machte Lilienthal mehr als 2000 Flüge und stirbt am 9. August 1896 bei einem Absturz.

Flügelform:

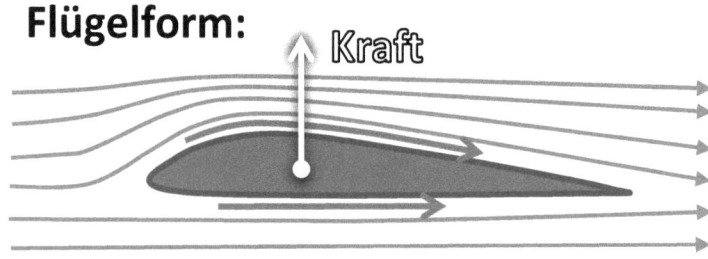

Eine Tragfläche muss eine **gewölbte Form** aufweisen. Der Luftstrom über dem Flügel muss dadurch einen weiteren Weg zurücklegen. Die Luft strömt an der Oberseite dann schneller.

Dadurch entsteht eine nach oben gerichtete Kraft. (Bernoullis Gesetz)

Motorisierte Luftfahrt (1)

Die **Gebrüder Wright** (Wilbur und Orville Wright) wurden durch die Arbeiten von Otto Lilienthal inspiriert. Dies weckte in ihnen den Erfindergeist und sie begannen um 1900 mit der Weiterentwicklung der Flugzeuge von Lilienthal.

Eine entscheidende Grundlage ihrer Weiterentwicklungen war der Test ihrer Überlegungen in einem **Windkanal**.

Ihre grundlegende Idee war der Einbau eines **Motors in den Flugapparat**. Dafür stellte sich die Konstruktion eines Doppeldeckers als sehr vorteilhaft heraus.

Der Wright Flyer

1903 beantragten die Gebrüder Wright ein Patent für einen Flugapparat und statteten ihn mit einem Motor aus. Dieser trieb einen **Propeller** an und diente als Antrieb (Propeller hinten!).

Gleitflug in Kitty Hawk – 1902 (USA)

Die Flugapparate wurden ständig von ihnen weiterentwickelt. Aber auch **andere Ingenieure** nahmen sich die Flugapparate der Geb. Wright als Vorbild und **entwickelten diese weiter**. Deutsche und französische Konstruktionen waren schon bald ihren Vorbildern überlegen.

Motorisierte Luftfahrt (2)

Die **Gebrüder Wright** waren Pioniere der Luftfahrt und stellten zu Beginn des 20. Jahrhunderts in den USA verschiedene Weltrekorde im Bereich der Luftfahrt auf und überboten sich dabei oft selbst:

1904: 5 Minuten Flugdauer

1905: 38 Minuten Flugdauer, Write: 39 km

1908: mehr als 2 Stunden Flugdauer, Weite: 65 km

In **Europa** war man in der Entwicklung zunächst unterlegen.

Eine entscheidende Weiterentwicklung gelang erst dem Franzosen **Louis Blériot**. Er entwarf ein Modell dessen Motor nicht mehr am Heck sondern an der **Vorderseite des Flugzeugs** angebracht war.

Louis Blériot

Den Durchbruch feierte Blériot am 25. Juli 1909 bei seinem Flug über den Ärmelkanal von Calais nach Dover.

Die **Franzosen** waren von dieser Zeit an mit den Gebrüdern Wright in der Entwicklung der Flugzeuge auf Augenhöhe.

Erst ab 1912 stiegen **deutsche Ingenieure** in das Geschäft ein. Schnell konnten sie in der Entwicklung aufholen und sogar eine führende Rolle in der Flugzeugentwicklung übernehmen.

Motorisierte Luftfahrt (3)

Der Propeller

Um **1500 zeichnete Leonardo da Vinci** bereits Luftschrauben. Erste Anwendung fanden diese dann bei Windmühlen (12. Jh.) und bei Windrädern (z.B. Westernwindrad)

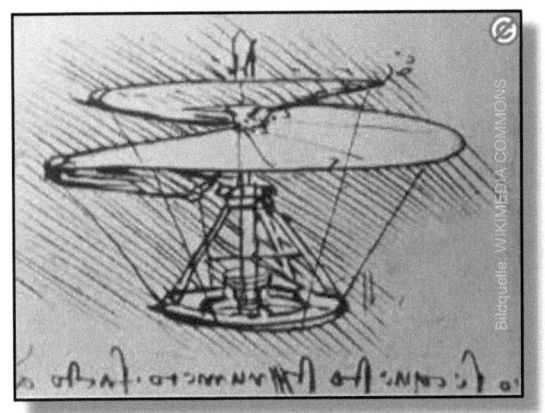

Erstmals verwendeten die Gebr. Wright eine Luftschraube bei einem **Flugzeug im Jahr 1903**.

Die ersten Luftschrauben hatten zwei, später wurden dann drei und vier Blätter verwendet.

Funktionsweise: Der Propeller setzt die Funktion einer Tragfläche zur Vorwärtsbewegung um. Die Rotation erzeugt dadurch eine nach vorne gerichtete Kraft.

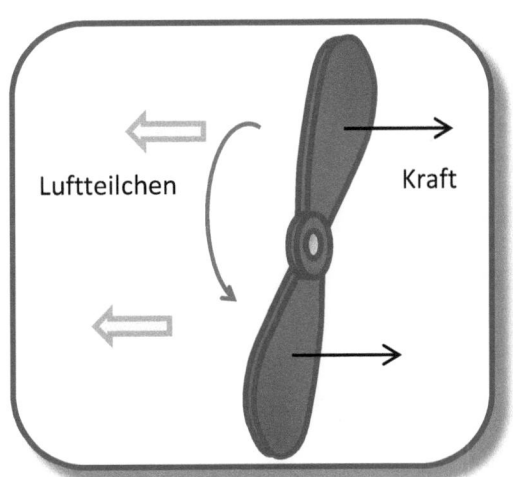

Der Hubschrauber

Der nächste Schritt in der Luftfahrt war die Anwendung eines Propellers als Luftschraube (Rotor). Dabei wurde die Idee von **Leonardo da Vinci** endlich in die Tat umgesetzt.

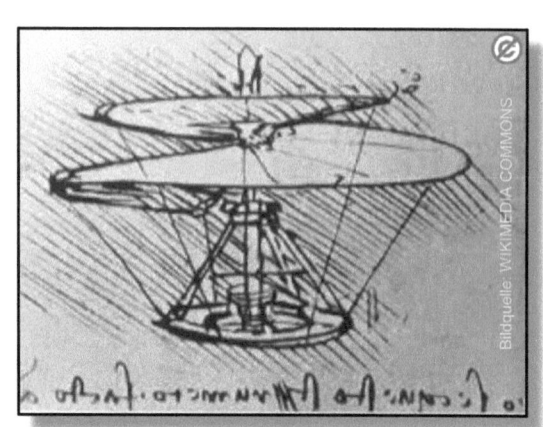

Das Problem:

Bei einem Hubschrauber dreht sich der Rotor in eine Richtung und stößt dabei eine Drehung des Rumpfes in die entgegengesetzte Richtung an.

Lösungen:

1) Durch die **Anordnung von zwei Rotoren** heben sich die Drehbewegungen gegenseitig auf.
   Dies wurde 1936 beim **Focke-Wulf FW 61** umgesetzt. Die Rotoren befunden sich an der Stelle der Tragflächen eines vergleichbaren Flugzeugs.

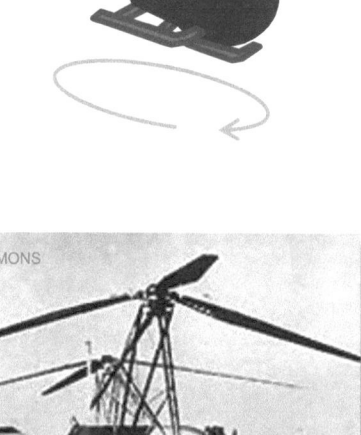

2) Ein **zweiter Rotor** sitzt heute bei vielen Helikoptern **am Heck** des Fluggerätes und bewirkt eine entgegengesetzt gerichtete Kraft zur Stabilisierung.

3) Der Ausgleich kann auch durch einen **zweiten Rotor an der Oberseite** erfolgen.

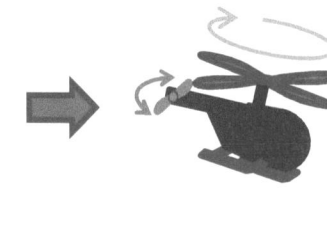

→ Propeller-Flugspiel
→ Luftballon-Hubschrauber

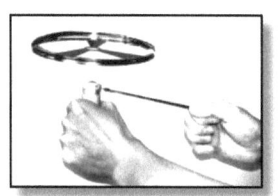

Die Rakete

Der Rückstoß eines Flugobjekts kann auch auf andere Art erfolgen.

Bei allen Raketen gilt: Nach hinten ausgeworfene Masse bewirkt eine nach vorne gerichtete Kraft.

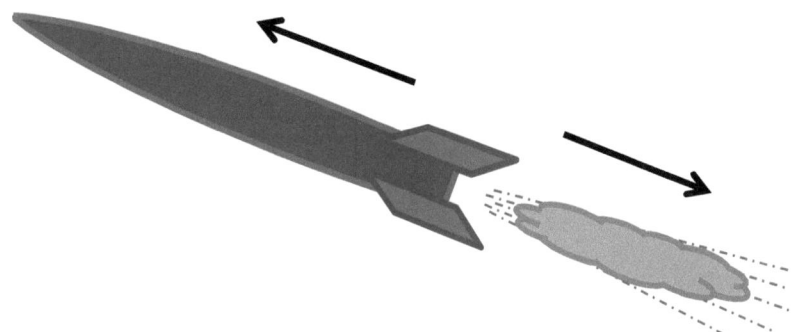

Der erste Raketenstart fand bereits 1232 in China statt. Dabei wurden mit Schwarzpulver gefüllte Flugkörper auf Angreifer angefeuert.

Ähnlich funktionieren noch heute die **Feuerwerkskörper**.

Ein entscheidender Unterschied zum Antrieb eines Flugzeugs oder eines Hubschraubers ist, dass dieser Antrieb auch im **luftleeren Raum** angewendet werden kann. Die nach vorne gerichtete Kraft erfordert keinen Rückstoß von Luft.

Anwendung: Raketen finden daher Anwendung bei der **Raumfahrt**, aber auch als **militärische Waffen**.

Aufbau: Jede Rakete besitzt ein **Triebwerk** (Brennkammer, Düse). Weiterhin wird eine Stabilisierungseinheit benötigt (vgl. Pfeil). Diese bewirkt eine ruhige und berechenbare Flugbahn des Flugobjekts und verhindert ein Abdriften.

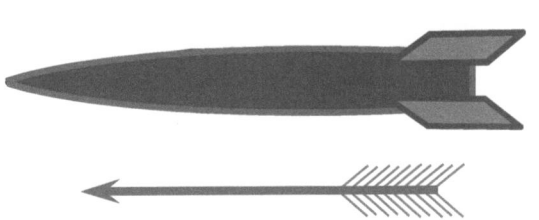

Versuch: Flaschenrakete

Anhang
Lösungen zu den Aufgaben

Aufgaben (1) - Lösungen
Berechnung der Dichte verschiedener Körper:

7) Der König eines Schachspiels hat ein Volumen von 15 cm³ und eine Masse von 13,5 g.
Die Dame des gleichen Schachspiels hat ein Volumen von 13 cm³ und eine Masse von 11,7 g.
d) Berechne die Dichte der beiden Figuren.
e) Woraus bestehen die Figuren?
f) Würden die Figuren im Wasser schwimmen oder sinken?

Geg.: $V = 15 cm^3$; $m = 13,5 g$
Ges.: ρ
Lös.:

a) $\rho = \dfrac{m}{V} = \dfrac{13,5g}{15cm^3}$ →

$\rho_{König} = \dfrac{m}{V} = \dfrac{13,5g}{15cm^3} = 0,9 \dfrac{g}{cm^3}$

$\left[\rho_{Dame} = \dfrac{m}{V} = \dfrac{11,7g}{13cm^3} = 0,9 \dfrac{g}{cm^3}\right]$

```
1 3, 5 : 1 5 = 0, 9
    0
  1 3 5
  1 3 5
      0
```

b) Vergleich mit der Tabelle: $\rho = 0,9 \dfrac{g}{cm^3} \Leftrightarrow$ *Kunststoff*

c) $0,9 < 1$ → Die Figuren schwimmen im Wasser.

8) Ein Gegenstand wird gewogen. Seine Masse beträgt 193 g. Der Gegenstand hat ein Volumen von 10 cm³. Berechne seine Dichte. Welcher Stoff könnte das sein?

Geg.: $V = 10 cm^3$; $m = 193 g$
Ges.: ρ
Lös.:

$\rho = \dfrac{m}{V} = \dfrac{193g}{10cm^3}$ → $193 : 10 = 19,3 \dfrac{g}{cm^3}$ → *Gold*

(vgl. Tabelle)

9) Welche Stoffe aus der Tabelle schwimmen an der Wasseroberfläche?

Alle Stoffe deren Dichte kleiner als 1 ist:
Kork, Kalium, Kunststoff, Benzin

10) Granit hat eine Dichte von 2,7 $\frac{g}{cm^3}$. Was bedeutet diese Angabe?

Ein Körper mit dem Volumen von 1 cm³ wiegt genau 2,7g. (Dies könnte beispielsweise ein Würfel mit der Kantenlänge von 1cm sein.)

11) In der Dichtetabelle ist für Kork kein genauer Wert angegeben. Welchen Grund könnte das haben?

Kork ist ein natürlicher Stoff mit Unregelmäßigkeiten (Lufteinschlüsse, Verholzungen)

12) Die Dichte von Sand soll untersucht werden. Wie könnte man dabei vorgehen? Welche Erwartung hast du an das Ergebnis?

Zuerst muss Volumen und Masse bestimmt werden (wiegen und ausmessen)

Sand schwimmt bekanntlich nicht im Wasser. Also muss die Dichte größer als die von Wasser sein. Sand wird bei der Herstellung von Glas verwendet.
Da beim Sand allerdings Hohlräume zwischen den Sandkörnern sind, ist ein etwas kleinerer Wert als bei Glas zu erwarten.

Stoff	Dichte ρ in $\frac{g}{cm^3}$
Kork	ca. 0,5
Eisen	7,9
Gold	19,3
Zink	7,1
Kalium	0,68
Kunststoff	0,9
Silber	10,5
Glas	ca. 2,4
Wasser	1,0
Benzin	0,7
Quecksilber	13,6

Aufgaben (2)

Rückblick: Die Einheiten von Volumen und Masse

3) Gib die Masse in den angegebenen Einheiten an:
   a. 120 g → kg ; mg ; µg ; t
   b. 0,52 t → kg ; mg ; g
   c. 23573 mg → kg ; g ; µg

   a. 120 g → 0,12 kg ; 120 000 mg ; 120 000 000 µg ; 0,00012 t
   b. 0,52 t → 520 kg ; 520 000 g ; 520 000 000 g
   c. 23573 mg → 23,573 g ; 23 573 000 µg ; 0,023573 kg

4) Gib das Volumen in den angegebenen Einheiten an:
   a. 530 cm³ → m³ ; dm³ ; mm³ ; Liter
   b. 0,853 dm³ → m³ ; cm³ ; mm³ ; Liter
   c. 123,8 l → m³ ; cm³ ; dm³ ; mm³

   a. 530 cm³ → 0,000 53 m³ ; 0,530 dm³ ; 530 000 mm³ ; 0,53 Liter
   b. 0,853 dm³ → 0,000 853 m³ ; 853 cm³ ; 853 000 mm³ ; 0,853 Liter
   c. 123,8 l → 123,8 dm³ ; 123 800 cm³ ; 0,1238 m³ ; 123 800 000 mm³

Berechnung der Dichte verschiedener Körper:

a. Ein Gegenstand A hat ein Volumen von 30 cm³ und eine Masse von 213 g. Berechne seine Dichte in der Einheit $\frac{g}{cm^3}$.
   Aus welchem Material besteht dieser Gegenstand A?
   $\left[\rho = 7,1 \frac{g}{cm^3} \rightarrow Zink\right]$

b. Ein zweiter Gegenstand B hat ein Volumen von 500 cm³ und eine Masse von 1,2 kg. Berechne seine Dichte in der Einheit $\frac{g}{cm^3}$. Aus welchem Material besteht dieser Gegenstand B ?
   $\left[\rho = 2,4 \frac{g}{cm^3} \rightarrow Glas\right]$

c. Die Masse zweier Würfel beträgt: m_a = 24,5 g ; m_b = 9,8 g
   Die Volumina der Würfel betragen: V_a = 35 cm³ ; V_b = 14 cm³
   Sind die beiden Würfel aus dem gleichen Material hergestellt?
   $\left[\rho_a = 0,7 \frac{g}{cm^3} ; \rho_b = 0,7 \frac{g}{cm^3} \rightarrow gleicher\ Stoff\right]$

d. Ein Marmorstein wurde gewogen: Seine Masse beträgt 65 kg. Der Stein hat ein Volumen von 0,25 m³.
   Berechne die Dichte des Marmors.
   $\left[\rho = 2,6 \frac{g}{cm^3}\right]$

e. Die Figur eines Schachspiels hat ein Volumen von 6500 mm³ und eine Masse 5850 mg.
   Geht die Figur im Wasser unter oder schwimmt sie?
   Geht die Figur in Benzin unter oder schwimmt sie?
   $\left[\rho = 0,9 \frac{g}{cm^3} \rightarrow 0,9 < 1 \Rightarrow schwimmt\ in\ Wasser\ ;\ 0,9 > 0,7 \Rightarrow sinkt\ in\ Benzin\right]$

f. Eine Bleiplatte hat eine Masse von 79,1 kg. Das Volumen der Platte beträgt 7 dm³. Welche Dichte hat das Blei? $\left[\rho = 11,3 \frac{g}{cm^3}\right]$

g. Eine Nähnadel aus Stahl hat eine Masse von ca. 264 mg. Das Volumen der Nadel beträgt 33 mm³. Welche Dichte hat der Stahl? $\left[\rho = 8 \frac{g}{cm^3}\right]$

h. Ein Goldmünze hat eine Masse von 13 g. Das Volumen beträgt 673 mm³. Besteht die Münze wirklich aus Gold? Begründe.
   $\left[Berechnete\ Dichte: \rho = 19,3 \frac{g}{cm^3} \rightarrow ja, die\ Münze\ ist\ aus\ Gold\right]$

i. Ein Würfel mit einer Kantenlänge von 3 cm hat eine Masse von ca. 0,213 kg. Aus welchem Material besteht er? $\left[\rho = 7,89 \frac{g}{cm^3} \rightarrow Eisen\right]$

j. Ein Gegenstand hat die Masse 7,6 kg und ein Volumen von 2000 dm³. Berechne die Dichte in $\frac{g}{cm^3}$. $\left[\rho = 3,8 \frac{g}{cm^3}\right]$

k. Ein Gegenstand hat die Masse 0,9 kg und ein Volumen von 3 dm³. Berechne die Dichte in $\frac{g}{cm^3}$. $\left[\rho = 0,3 \frac{g}{cm^3}\right]$

l. Ein Gegenstand hat die Masse 15250 g und ein Volumen von 5 dm³. Berechne die Dichte in $\frac{g}{cm^3}$. $\left[\rho = 3,05 \frac{g}{cm^3}\right]$

m. Ein Gegenstand hat die Masse 29,38 kg und ein Volumen von 3,84 dm³. Berechne die Dichte in $\frac{g}{cm^3}$. $\left[\rho \cong 7,65 \frac{g}{cm^3}\right]$

Stoff	Dichte ρ $\left[\frac{g}{cm^3}\right]$
Kork	ca. 0,5
Eisen	7,9
Gold	19,3
Zink	7,1
Kalium	0,68
Kunststoff	0,9
Silber	10,5
Glas	ca. 2,4
Wasser	1,0
Benzin	0,7
Quecksilber	13,6

Aufgaben (3)

1) Welche Idee steckt in dem Entwurf des Luftschiffs von Graf Lana (Abb. rechts)?

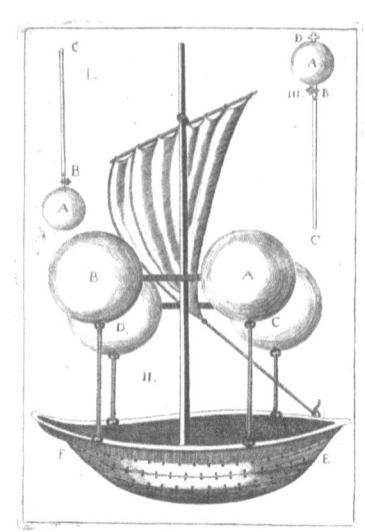

   Vakuum ist leichter als Luft und sollte in den Kugeln dafür sorgen, dass das Luftschiff leichter wird als die umgebende Luft. So sollte das Luftschiff fliegen.

2) Welchen Versuch zeigte Otto von Guericke 1654?

   Er zeigte, wie zwei Halbkugeln durch ein Vakuum zusammengehalten werden und welche Kraft der Luftdruck hat.

3) Aus welchem Grund konnte ein solches Luftschiff nie gebaut werden?

   Graf Lanas Kugeln wären so schwer, dass die gesamte Dichte der Kugeln (auch mit Vakuum) nicht kleiner als die umgebende Luft wird.

4) Wann gelang den Gebrüdern Montgolfier der Bau eines flugfähigen Ballons? *1783*

5) Durch welche Idee wurde von den Gebrüdern Montgolfier ein flugfähiges Luftschiff gebaut? *Sie verwendeten heiße Luft anstelle des Vakuums um die Dichte zu verringern.*

6) Wie konnte man die Montgolfiere steuern?
   Richtungssteuerung war nicht möglich. Eine Steuerung der Höhe gelang dadurch, dass neu angefeuert und neue heiße Luft erzeugt wurde. (Auch zur Landung wichtig)

7) **Welche Weiterentwicklung wurde bei der Charliere vorgenommen? (Unterschied zur Montgolfiere)**

Es wurde das leichte Wasserstoffgas anstelle der Heißluft als Füllung verwendet. Anfeuern war dadurch nicht mehr nötig.

8) **Henry Giffard rüstete 1852 ein Luftschiff mit einer Dampfmaschine aus. Dabei wird ein Wasserkessel mit Feuer erhitzt und treibt eine Luftschraube als Antrieb des Luftschiffs an. Er steuerte das Luftschiff 27 km durch die Lüfte. Was hältst du von seiner Idee?**

Bildquelle: Wikimedi Commons

Die Anfeuerung der Dampfmaschine in direkter Nähe zur Wasserstofffüllung war lebensgefährlich!

9) **Aus welchem Grund wird die Technik der Charliere heute nicht mehr angewendet?**

Die Wasserstofffüllungen wurden nach dem Zeppelin-Unglück der Hindenburg als zu gefährlich eingestuft.

Bildquelle: Wikipedia

Weitere Skripte:

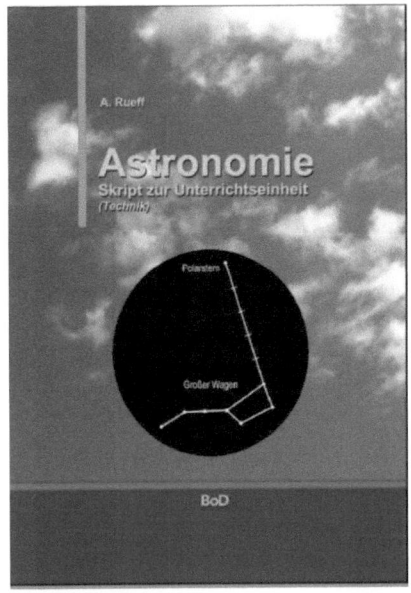